Ulrich Schaffer
Sein wie ein Baum

Edition Schaffer im Kreuz Verlag

Ulrich Schaffer   Sein wie ein Baum

Sein wie ein Baum

Bäume wirken auf die meisten Menschen anziehend. Es ist, als würden wir uns in ihnen wiederfinden. Sie helfen uns, über uns selbst hinauszugelangen.

Vielleicht brauchen wir manchmal einen Anreiz von außen, einen Hinweis, um auf etwas aufmerksam zu werden. Bäume sprechen eine stille, aber doch sehr gehaltvolle und eindringliche Sprache. Es ist die Sprache der Weisheit. Natürlich müssen wir dafür ein Ohr haben, aber ich glaube, dass die meisten von uns es haben. Vielleicht können wir nur nicht gleich verstehen, was wir hören. Wir brauchen einen Übersetzer oder eine größere Nähe zu unserem eigenen Leben.

Ich hoffe, dass die Bäume auf diesen Seiten sprechen. Seit vielen Jahren fotografiere ich so oft wie möglich Bäume, wo immer ich unterwegs bin. Auch ich will mir damit etwas sagen. Ich bin mir selbst auf der Spur. Ich wünsche der Leserin und dem Leser dasselbe.

Es soll in diesen Texten nicht nur darum gehen, von Bäumen zu lernen, sondern ich möchte auch erkennen, wo wir die Weisheit der Bäume bereits in uns entdecken können.

Manchmal sind mir die Menschen über.
Dann finde ich unter Bäumen
Heimat und Geborgenheit.
Ich lasse ihr Alter auf mich wirken,
ihre Beständigkeit, ihre Stille.
Ich lege mich in ihre Herbstblätter,
ich nehme ihre Energie wahr,

in den Buchenwäldern Rügens,
in den Tannenwäldern des Bayrischen Waldes,
in den Mammutbäumen Nordkaliforniens,
in den Ahornwäldern von New Hampshire,
in den Lärchen von Graubünden,
in den Ölbäumen Griechenlands,
in den Fichtenwäldern Alaskas,
in den Espen, immer wieder in den Espen,
von Utah bis zur Tundra Kanadas.

Ich könnte in ihnen allen festwachsen
und der Menschheit entsagen.
Aber ich bleibe. In den Wäldern
erhole ich mich und gewinne die Kraft,
die mich befähigt,
ein Mensch unter Menschen zu sein.

*Ich will nicht über Bäume schreiben,
nicht über Botanik und Photosynthese
und nicht über unsere Lernbedürftigkeit.
Wenn ich schreibe,
dann am Ende immer, unausweichlich
und mit der ganzen Leidenschaft,
die mich bewegt,
über die Liebe,
diese unfassbare Regung,
aus der die Welt entsteht und weitergeht.*

*Von der Liebe ist es nicht weit zu den Bäumen,
die in ihrer Beständigkeit und Treue
die Liebe verkörpern.
Von ihrer sprachlosen Meisterschaft,
von der Stille ihres Angebots,
von der Unaufdringlichkeit ihres Wesens
will ich die Liebe lernen.*

Ich erinnere mich
an die Bäume meiner Kindheit.
In einem Baum zu sitzen hieß,
über den Dingen zu sein.
Die Enge da unten fiel von mir ab,
und ich wusste,
dass die Welt größer war,
als ich sie in meiner Not
unter mir sah.

Gesegnet ist das,
was uns herausholt
aus der Enge unserer Weltsicht
und uns den Überblick vermittelt,
weil es unsere innere Größe anspricht.

Auf harten Felsen
hat der Baum kaum eine Chance –
ihm fehlt es an Erde,
in die er seine Wurzeln schlagen könnte.
Er hat eine Spalte im Felsen gewählt,
wo er den Kampf aufnehmen will.
Tausend Samen vor ihm sind vertrocknet
und tausend weggeschwemmt.
In diese Spalte wirft er jedes Jahr seine Nadeln.

Der Himmel schickt den Regen
diese Spalte entlang,
und so baut sich der Baum
mit Hilfe des Himmels
seinen eigenen Boden,
aus dem er lebt
und wächst.

Das, was ich ablege,
bildet den Boden,
aus dem ich wachse.

Wie klein ist der Same einer Kiefer,
versteckt im Zapfen, zugedeckt vom Schnee.
Aber irgendwann macht er sich frei
von dem Zapfen und keimt
in dem sandigen Boden der Lüneburger Heide,
oder in der Sandsteinwüste
um Vermilion Cliffs in Utah,
ist erst ein fast unsichtbares grünes Pflänzchen
und beginnt so seine lange, mühsame Reise
in die harte Welt.
Hundert oder zweihundert Jahre später
lehnt deine Urenkelin sich
an seine rissige Borke und reist mit ihm
in den unbeschreiblich blauen Himmel,
losgelöst von der Schwere der Erde.

Es ist die Verwandlung!
In uns steckt eine ungeheure Kraft,
die Felsen sprengt
und aus dem ganz Kleinen
das Große der Beständigkeit schafft.

Nicht weit von uns
hat ein Weißkopfadler seinen Horst
auf einer Douglastanne gebaut.
Dort zieht er seine Jungen groß.
Eine Amsel wohnt um die Ecke in einer Erle,
ein Rabe hat sich die Eiche als Heim gewählt,
und in dem Olivenbaum wohnt ein Spatz.

Wer baut auf mir,
in mir, durch mich?
Es darf geschehen.
Ich will Behausung sein,
nicht für jeden und nicht für alle.
Aber ich weiß,
dass ich nicht allein bin.
Auch der Buntspecht,
der an mir hämmert,
gehört zu den Herausforderungen
meines Lebens.

Woher meinen wir zu wissen,
dass ein Baum sein Wachstum
nicht bewusst erlebt?
Es ist unsere Überheblichkeit.

Ich versuche mir vorzustellen,
was für ein Erlebnis es sein muss,
eine Bristlecone pine zu sein,
diese besondere Kiefer
in den White Mountains von Kalifornien.
Fünftausend Jahre alt kann sie werden
und dabei vielleicht nur zehn Meter hoch.
Was für eine Geduldsprobe!
Was ist dagegen mein Warten
auf den nächsten Monat,
auf das nächste Jahr.
Hundert meiner Leben
passten in eins von ihr.

Ich werde üben,
auch wenn ich nicht
fünftausend Jahre alt werde,
in diesen langen Zeitläuften zu denken.
Ich habe die Bristlecones berührt,
wie man Heilige berührt.

Ich möchte blühen wie ein Baum,
zur rechten Zeit alle Energie
in das Wunder der Blüte schicken.

Da, in der Kirsche,
habe ich meine Blüten gesehen.
Sonne fiel durch sie hindurch,
und ich leuchtete,
ich war anderen Licht.

Wie wohl ich mich fühle,
wenn ich blühe, wenn ich leuchte.
Aber ich weiß, dass die Blüte
der Frucht Platz machen muss.
Selbst das Schönste ist nur Durchgang –
das Ziel liegt hinter dem Horizont.

Heilige Sprache ist der Baum.
In den drei Ebenen des Lebens steht er,
in den drei Stockwerken der Welt.
Mit den Wurzeln ist er in der Erde verhaftet,
saugt Wasser aus ihr und treibt es in die Höhe.
Mineralien nimmt er auf
und verwandelt sie in Nahrung.
Mit seinem Stamm bewohnt er
die Endlichkeit dieser Welt
und ist einer von uns.
Mit seiner Krone berührt er den Himmel,
zieht den Segen zu sich herunter,
der den Stamm entlang bis zu den Wurzeln fließt.
Auch ich stehe in drei Welten:
Verwurzelt in der Erde,
bin ich hier, begrenzt, endlich, sterblich.
Lehm haftet an mir,
ich kämpfe mit den Widerständen,
ich leide und gebe nicht auf.
Mit meinem Leben,
mit der Wucht des Stammes,
mit der Kraft meines Willens,
strebe ich nach oben,

nehme mein Leben in die Hand.
Und mit meinem Geist,
mit den Fasern meines Wesens,
mit denen ich mich ausstrecke,
erreiche ich manchmal den Himmel,
diese Wirklichkeit, die jenseits
und doch in dieser Welt liegt.
Ich lebe auf den drei Ebenen,
und keine kann ohne die anderen sein.
Auf geheimnisvolle Weise
ist das Unterirdische mit dem Himmel verbunden,
und dazwischen liegt sichtbar das luftige Reich
meines Glücks und meiner Not.
Ich bin ein Baum,
die Dorfeiche, inmitten der Menschen,
die Weide am Straßengraben,
die Platane im Park, umgeben
von spielenden Kindern,
die Linde, unter der Versprechen
gegeben und gehalten werden,
ich bin die Methuselah bristlecone pine
in den White Mountains Kaliforniens
und die alte Esche Yggdrasil,
in der Mitte der Welt.

Jeder Baum trägt Frucht.
Auch das ist Verwandlung.
Aus Erde, Regen und Sonne
entsteht ein leuchtender Apfel,
eine pralle Pflaume, eine saftige Birne.

Ich mache nicht weniger.
Aus den Schwierigkeiten,
aus dem Ärger und der Not,
aus der Vernachlässigung und
den durchdachten Erfahrungen,
aus den Begegnungen und der Einsamkeit
mache ich das Wunder meines Lebens.
Ich verwandele.

Ich möchte essbar sein wie ein Apfel,
ich möchte Nahrung sein
für die, die mich berühren.

Auch ich
lebe im Zyklus der Jahreszeiten.
Jede Bewegung und Entwicklung
in meinem Leben
kennt ihren Frühling und Sommer,
ihren Herbst und Winter.
Ich will lernen, wann ich mich ausbreite
und wann ich mich zurückziehe.
Alles hat seine Zeit,
zu sammeln und zu verstreuen,
zu ahnen und zu wissen,
zu hören und taub zu sein,
ausgelassen zu spielen
und nur zu überwintern.

Ich lehne mich an die Bäume an,
an die Weisheit ihrer Erfahrung.

Lege dieses Buch weg,
gehe in den nächsten Wald
und liefere dich den Bäumen aus.
Lass dich fallen in ihre Langlebigkeit.
Höre die geheime Botschaft im Rauschen,
achte auf ihr Raunen,
lass es in deine Zellen einziehen.
Bei den Bäumen wirst du mehr lernen
als aus vielen Büchern.
Und achte darauf,
wie du den Bäumen antwortest.
Sprichst du die Baumsprache?
Nimm die Stimmung des Waldes auf
und fühle, was dich durchfließt
und wie du verbunden bist
mit allem, was lebt.

Biegsam wie ein Baum möchte ich sein.
Wenn sich die Birke im Sturm
nicht biegen würde, würde sie brechen.
Biegsamkeit ist Schutz,
und wie so oft, wo etwas dem Leben zugetan ist,
ist es gleichzeitig Anmut und Würde.
Wo wir uns selbst lieben,
nicht verwöhnend oder eitel,
sondern als eine der Schöpfungen
in der großen Vielfalt,
da sind wir herrlich und wertvoll
und spüren es.

In dem gefällten Riesen
sehe ich die entblößten Ringe seines Lebens.
Mit meinem Finger
zeichne ich seine Jahre nach,
mal enger, mal weiter,
die harten Winter, die Waldbrände,
die besondere Dürre vor siebzig Jahren,
das Glück eines warmen, feuchten Sommers,
die kürzere und die längere Wachstumszeit.

Auch in mir ruhen die Geschichten meines Lebens:
das Erschrecken vor über fünfzig Jahren,
die Entfremdung vor fast dreißig Jahren,
die Zeit des Aufbruchs vor fünfzehn,
die Unruhe, die Einsamkeit,
das Glück, die Unsicherheit –
sie alle haben Spuren hinterlassen.

Manchmal tue ich so,
als wäre das alles nicht geschehen,
aber dann merke ich,
dass ich bin, was ich gelebt habe.
Ich bin, was ich war,
und ich werde sein,
was ich jetzt lebe.

*Die Wurzeln
müssen so groß sein
wie die Krone.
Was wir außen zeigen,
muss von innen getragen sein.
Wird die Krone zu groß,
stößt ein Sturm den Baum um.
Geben wir vor,
mehr zu sein, als wir sind,
laufen wir Gefahr, ohne Tiefe zu sein,
und Herausforderungen werden uns umstürzen.
Es ist nötig, als Ganzes zu wachsen.
Innen und außen
und oben und unten sind eins.*

In den Bäumen
sieht mich die ganze natürliche Welt an.
Sie fragt, und ich muss anworten.
Liebe ich die Welt,
und liebe ich sie genug,
um sie zu erhalten?
Ist das Leben der Natur mein Leben?
Bin ich ein Teil dieser wachsenden Welt,
oder habe ich mich herausgenommen
und über sie gestellt?

Wenn ich unter Bäumen
in mich gehe,
ereignet sich Wahrheit.
Ich traue dem prüfenden Blick der Natur.

Ich lege
den Kopf etwas zurück
und blicke am Stamm empor,
höher und höher.
Über den Stamm
mit seiner Borke hinweg
kann ich die Erde hinter mir lassen
und den Weg in das himmlische Blau machen.
Noch bin ich hier,
aber wie meine Freunde,
die Bäume,
bin auch ich schon
in einer unfassbaren Welt,
die ich zu durchdringen versuche,
aus der ich lebe,
wie der Baum
von der Energie der Sonne lebt.

Vielleicht ist der Baum
das größte aller Geschenke,
die wir bekommen haben.
Ich übe das Schweigen
und gebe mich zurück
an die Bäume, die ich liebe.

*Die Esche trägt rote Beeren,
die wir als Kinder
mit Mundrohren geschossen haben.
Eicheln haben wir gesammelt und
für drei Mark den Zentner
als Schweinefutter verkauft.
In Mexiko habe ich Elefantenbäume kennengelernt,
deren Stamm und Äste aussehen
wie ein Mensch, der aus der Haut platzt.
Zwischen den Espen um Mount Timpanogos,
die besonders gerade stehen,
muss man aufrecht gehen.
Die Birken in Norddeutschland
haben mich immer zart gemacht.
An der Sunshine Coast von British Columbia
schält sich ein Arbutus, als wolle er zeigen,
wie verletzbar man leben kann.
Im Morgenschatten liegt blaues Licht
auf dem Wasser und den Pappeln,
zwischen den roten Wänden des Canyons.
Unter den Bristlecones von Kalifornien
spüre ich die Heiligkeit des Alten, Beständigen.*

*Ich bin alles, was diese Bäume sind,
und die Bäume sind, was ich bin.
Wir sind Schwestern und Brüder.*

Zu den Fotos

Umschlag: Cottonwood (Populis fremontii), in einem Nebencanyon des Escalante, Utah, USA.

Vorsatzpapier: Espen im Herbst, Markagunt Plateau, im US-Bundesstaat Utah.

7 Buschwindröschen unter Buchen, auf Rügen, Deutschland.

9 Ahorn im Herbst, in Vancouver, British Columbia, Kanada.

11 An der Ostseeküste auf Rügen.

13 Kiefer an einer fast vertikalen Felswand, Kolob Finger Canyons, Utah, USA.

15 Holz und Zapfen einer Bristlecone pine (Pinus longaeva) in den White Mountains von California, USA.

17 Olivenbaum in der Abendsonne, bei Corning, California, USA.

19 Bristlecone pine (Pinus longaeva) in den White Mountains von California, USA. Oft sterben ganze Teile dieser Bäume ab, um den anderen zu ermöglichen, weiterzuwachsen. Die ältesten Bristlecones sind über viertausend Jahre alt.

21 Blühende Kirsche, Vancouver, BC, Kanada.

24/25 Blühender Pacific Dogwood (Cornus nuttali) mit Tulpen, Vancouver, BC, Kanada. Dieser Baum wurde von der Provinz British Columbia zum Wahrzeichen gewählt.

27 Günters Äpfel, in dem Dorf Rossach, Gemeinde Schöntal, in Baden-Württemberg.

29 Buche mit Rauhreif, im Schauinsland, bei Freiburg im Breisgau.

31 Buchenwald im Regen, im Altmühltal, Deutschland.

33 Birke im Sturm, bei Rotenburg an der Wümme, Niedersachsen.

35 Gefällter Stamm mit Ahornlaub, bei Vancouver, BC, Kanada.

37 Eiche im gelben Gras, Mariposa County, California, USA.

39 Espe, bei Flagstaff, Arizona, USA.

41 Platane, Potsdam, Deutschland.

42/43 Das Tal um den Taylor Creek in den Kolob Finger Canyons, in Utah, USA. Dies ist einer meiner liebsten Canyons, und mir wird es nicht über, hier zu fotografieren. Im Herbst sind die Farben überwältigend – die roten Ahornbäume, die Weiden und Eichen und die ebenfalls roten Sandsteinwände dahinter.

45 Kleiner Wasserfall im Coyote Gulch im Escalante Gebiet, Utah, USA. Das Wasser kommt aus den Bergen des Aquarius Plateau und fließt in den Lake Powell.

Einen Sinn finden

Unsere Zeit ist gekennzeichnet durch eine Konzentration auf das Negative. Die Medien überschlagen sich, uns das Kaputte und Entleerte zu präsentieren. Bei vielen herrscht eine Hoffnungslosigkeit, die bis in die kleinsten Regungen reicht. Vieles ist angefressen von einer Skepsis, die nichts mehr ernst nimmt und unsere Fähigkeit, zu vertrauen, nur belächelt. Viele scheinen keine Werte zu haben, für die es sich zu leben lohnt. Die Institutionen, in denen wir uns entfaltet haben, sind durch viele Enttäuschungen unglaubwürdig geworden. Ein aggressiver und oft brutaler Ton hat sich unter uns breit gemacht.

Aber so können wir nicht leben, nicht auf Dauer. So höhlen wir uns selbst aus. Viele suchen Zuwendung, erfüllte Werte, spirituelle Zusammenhänge, um leben zu können. Diese Suche möchte ich mit dieser Buchserie unterstützen. In Texten und Bildern und in der ganzen Aufmachung will ich versuchen, Mut zu machen, einen Sinn zu finden, Werte zu setzen, sich zu öffnen für die vielen Wunder, die es in uns und um uns gibt. So wie es große Wut und Zerstörung gibt, so gibt es auch Liebe und Sanftmut. Für jeden Mörder, von dem wir hören, gibt es hundert oder gar tausend Menschen, die in ihrer Liebe, Opferbereitschaft und Zartheit über sich selbst hinauswachsen und Leben schaffen. Auch das ist eine Wirklichkeit dieser Welt, die wir aktiv verstärken können.

Weitere Bände dieser Reihe

Du bist einzigartig

Fast überall auf dem Planeten gibt es uns Menschen. Wir werden abgezählt, Gruppen zugeordnet, hochgerechnet. Dabei ist jeder von uns einzigartig. Wie finden wir zu uns selbst und zueinander?

Erinnere dich an deine Kraft

Wir alle haben „Zeiten der Kraft" erlebt, Momente, in denen wir über uns selbst hinausgewachsen sind und einen Weg gefunden haben. Wie können wir uns an die Quellen der Kraft erinnern?

Was uns verbindet

Viele Menschen fühlen sich allein und verlassen. Oft sehen wir aber die Beziehungen, in denen wir stehen und die sich darüber hinaus anbieten, einfach nicht. Wie können wir sie erleben und den Reichtum, den sie bieten, erschließen?

Wege in die Weite

Das Leben lädt uns ein in die Weite. Es gibt eine fast unendliche Zahl von Wegen, die wir gehen können. Wie finden wir Zugang zu der Wahrheit, die hinter der faßbaren, vordergründigen Wirklichkeit liegt?

Ulrich Schaffer

Ich wurde 1942 in Pommern geboren. Nach dem Krieg wohnte unsere Familie bei Bremen, bis wir 1953 nach Kanada auswanderten. Wir wohnten zuerst in der Prärie Albertas und zogen 1955 in den Norden von British Columbia. Dort ging ich zur Oberschule, in einem Ort umgeben von Wildnis. Dieses Erlebnis von ursprünglicher Landschaft wurde zu einem wichtigen Bestandteil meines Lebens. Immer wieder zieht es mich zurück in Landschaft, die menschenarm ist.

Von 1961 bis 1970 studierte ich deutsche und englische Literatur und arbeitete anschließend als Dozent an einem College bei Vancouver. Seit 1981 bin ich freier Schriftsteller und Fotograf. Mich reizt es immer wieder, Wort und Bild zusammenzubringen. Schreiben und Fotografieren ist für mich eine Orientierungshilfe. Ich schreibe über das, was mir wichtig ist und was ich selbst lernen will. Ich schreibe darum nicht aus einer Abgeklärtheit, sondern als ein Beteiligter, als jemand, der seinen Weg sucht und sich auf diesem Weg mit anderen verbunden fühlt. Seit 1965 bin ich mit Waltraud verheiratet. Wir haben zwei erwachsene Töchter, Kira und Zilya. Vieles in meinem Leben entsteht auf dem Hintergrund dieser und anderer Beziehungen.

Die schönsten Bilder des Jahres

Der großformatige Bildkalender von Ulrich Schaffer verbindet wunderschöne Naturfotos mit ausdrucksstarken meditativen Kurztexten.

„Es gibt innere Bilder, nach denen ich in der Welt um mich suche. Ich suche nach Entsprechungen zwischen innen und außen. Wenn mir die Verbindung besonders gut gelingt, weiß ich, dass ich wieder ein Kalenderbild gemacht habe. Die besten Bilder des Jahres wandern in den Kalender.“

(Ulrich Schaffer)

Die Deutsche Bibliothek - CIP-Einheitsaufnahme

Schaffer, Ulrich
Sein wie ein Baum / Ulrich Schaffer. - Stuttgart:
Edition Schaffer im Kreuz-Verlag 1997
ISBN 3-7831-1585-X

1 2 3 4 5   01 00 99 98 97

Postfach 80 06 69, 70506 Stuttgart, Tel.: 0711/78 80 30
Texte, Fotos und Gestaltung: Ulrich Schaffer
Aquarellierte Initiale
und graphische Beratung: Friedrich Peter
Umschlag: Friedrich Peter und Ulrich Schaffer
Layout: Ulrich Schaffer, unter Verwendung
des Software-Programms QuarkXPress
Autorenfoto: Zilya Schaffer
Schrift: Galliard
Reproduktionen: GRS, Ludwigsburg
Druck: Franz W. Wesel Druckerei und Verlag
ISBN 3-7831-1585-X